POLITIQUE NATIONALE.

IMPRIMERIE DE E. BRIÈRE, RUE SAINT-HONORÉ, 257.

POLITIQUE

NATIONALE

PAR

UN ANCIEN DÉPUTÉ.

PARIS,

LEDOYEN, LIBRAIRE-ÉDITEUR,

PALAIS-ROYAL, GALERIE D'ORLÉANS, 31,

ET CHEZ LES PRINCIPAUX LIBRAIRES.

1859.

POLITIQUE NATIONALE.

I.

Si nous étions encore (et je n'exprime ici ni désir, ni regret), si nous vivions, dis-je, sous le régime parlementaire, le discours prononcé à l'ouverture des chambres par le chef de l'Etat, eût provoqué, sans doute, un débat des plus animés. Partisans de la guerre, amis de la paix, docteurs de la grande ou de la petite politique se fussent donné rendez-vous à la tribune, et moi-même peut-être tout comme un autre, eussé-je jugé à propos de placer quelques mots dans la discussion.

Eh bien ! pour n'avoir plus l'honneur d'appartenir à nos assemblées délibérantes, je ne me crois pas destitué du droit d'émettre publiquement mon opinion. Que le chef du pouvoir revendique pour lui seul, et dans un langage digne de sa haute position, la responsabilité des événements, rien de mieux : c'est la conséquence logique de la Constitution qui nous régit. Néanmoins, en vertu de la solidarité intime qui unit les gou-- vernements et les peuples, il restera toujours à ceux-ci, quoi qu'on fusse et en dépit des constitutions, une forte part de res- ponsabilité; et si nous pouvions l'oublier, l'histoire au besoin, l'histoire d'hier nous le rappellerait cruellement. Quand tout est commun, périls et gloire, grandeur et désastres, le plus fier n'a pas le droit de dire au plus humble : abstiens-toi. Le silence même a sa responsabilité.

Ai-je besoin d'ajouter qu'en abordant à mon tour le plus grave sujet d'étude qui puisse s'offrir de nos jours aux médi- tations des penseurs, je me sens fort à l'aise, étranger que je suis, dans ma retraite, à toute rancune comme à tout esprit de parti ? Je n'ai dans la question, Dieu merci ! aucun intérêt engagé, aucun si ce n'est le premier de tous pour tout homme qui aime son pays : l'*Intérêt national*.

J'entends dire autour de moi : l'*Intérêt national !* Mais où le voyez-vous donc ? De quoi s'agit-il au fond ? De quelques réformes plus ou moins utiles, plus ou moins urgentes à tenter dans un pays voisin ! Beau motif pour risquer une guerre et mettre l'Europe en feu !... — Que je reconnais bien là le monde des affaires ! Toute la politique est dans les docks ! Tout s'y balance par *doit* et *avoir*, *entrées* et *sorties*. J'y retrouve aussi l'écho persistant de cette glorieuse politique du *chacun pour soi, chacun chez soi,* qui en comprimant l'essor naturel de la France a fini par provoquer la plus terrible explosion. Insensés, qui en êtes encore à chercher le secret de votre chute dans je ne sais plus quelle misérable chicane constitutionnelle, cherchez mieux, creusez plus profond, et vous découvrirez que vous êtes tombés pour avoir méconnu d'abord, puis dédaigné, puis froissé dans ce qu'il a de plus cher, le sentiment national.

Tandis que les uns nient la gravité de la question et la résoudraient volontiers par une déclaration de non lieu, les autres, se livrant à des alarmes exagérées, prêtent l'oreille aux nouvelles les plus hasardées, commentent les discours, épluchent les phrases, comptent les bataillons en marche et voient déjà les tempêtes déchaînées sur le monde. Et qu'on n'accuse pas cette fois de légèreté ·le caractère français. L'émotion, sinon l'anxiété, est universelle. Peuples et gouvernements, tous l'éprouvent au même degré. Qui propose une solution, qui une autre, toutes aboutissant à quelque impasse, si bien qu'après force écrits et discours, diversement interprétés, la question paraît plus embrouillée que jamais.

Dans les sciences exactes, lorsqu'un problème se refuse à toute solution satisfaisante, on tient pour certain que le problème est mal posé, ou qu'il repose sur des données insuffisantes. De même dans l'ordre politique, lorsqu'une difficulté paraît insoluble, ou que, résolue la veille sur un point, elle se représente le lendemain sur un autre, et plus menaçante et plus inextricable, il faut s'accorder à reconnaître que le conflit ne tient pas à telle ou telle circonstance particulière, mais qu'il dérive de causes plus générales. Alors c'est dans les grands principes du droit public qu'il faut chercher sa règle de conduite : méthode sure, mais rarement appliquée. Très rares en effet sont les hommes d'Etat qui savent *s'élever au-dessus des régions infimes où se débattent des intérêts vulgaires.* Et qu'ils font bien d'en appeler de leurs actes à la postérité! Qu'ils ont peu de justice à attendre de leurs contemporains! Tout homme d'Etat digne de ce nom doit être en avance d'un siècle sur son époque. Richelieu fut exécré de son temps. Louis XI commence seulement à être connu. Louis XIV est contesté, et j'en sais d'aussi grands qui attendent encore et qui attendront longtemps leur réhabilitation. Notre époque, douteuse, railleuse et réaliste, vit au jour le jour et ne s'attache qu'aux choses d'une utilité pratique et immédiate. Les longs projets lui font peur. Les grandes vues lui semblent des rêves. Aux yeux de bien des gens, la philosophie de l'histoire passe encore pour une fantaisie de cerveaux malades. Ce n'est cependant qu'en projetant sur l'avenir les lueurs du passé qu'on peut éclairer sa marche. Ce n'est qu'en s'élevant très haut qu'on peut voir de très loin. Ainsi vais-je essayer de faire, trop heureux si, à défaut d'autre mérite, je réussis à ramener l'attention sur quelques principes de politique générale trop oubliés de nos jours.

II.

Voyons donc la question.

Est-elle purement italienne? Non

Est-elle européenne? Oui.

Est-elle vitale pour la France? Oui.

D'où vient-elle? De la situation générale faite à l'Europe par les traités de 1815.

Comment, par qui, et par quels moyens se résoudra-t-elle? J'en dirai très humblement mon avis; mais au fait, d'abord.

Où est le conflit?

A Londres, dans le langage officiel, du moins, on affecte de le restreindre à l'Italie centrale occupée depuis depuis dix ans par les forces armées de deux puissances étrangères. A Turin, on le voit de plus près. Il en est de même à Vienne assurément. A Paris, enfin, sans désigner spécialement ni l'Italie centrale ni la haute Italie, on laisse les esprits en suspens. Mais l'opinion publique ne s'y trompe pas, la connexité est évidente : c'est bien de toute l'Italie qu'il s'agit, de cette contrée trois fois reine par les lettres, par les sciences et par les arts, véritable patrie de l'Europe entière. Le nœud de la question n'est pas telle ou telle réforme politique ou administrative, palliatif d'un jour, à opérer sur tel ou tel point isolé de

la Péninsule. Le véritable objet du débat (et qu'ai-je besoin de
e répéter après tant d'autres?), c'est la domination autrichienne en Italie. Quant à la France, il n'y va, je n'exagère
pas ma pensée, je le prouverai, il n'y va que de son honneur
dans le présent et de sa sécurité dans l'avenir. Rien de plus,
rien de moins.

Mais du moment que le conflit s'élève à ces proportions,
l'on ne tarde pas à se heurter à un obstacle capital, c'est-à-
dire aux traités qui garantissent à l'Autriche ses possessions
italiennes. Ces traités, l'Autriche en invoque le texte tout en en
faussant l'esprit, après en avoir violé elle-même le texte et
l'esprit à Cracovie. Mais il est avec les traités des accommode-
ments, et j'en prends acte. Passons.

L'Empereur n'en a dit mot. Il n'a sans doute pas éprouvé
le besoin de consacrer, par une déclaration solennelle, des
actes qui n'ont pas été conçus précisément en vue de la grandeur de la France et de sa propre dynastie.

En résumé, de quelque point que l'on parte, on arrive fa-
talement en face des traités de 1815. Dès lors, comment doit
se nommer la question? Je vais vous le dire. Il y a une tren-
taine d'années, elle s'appelait la question belge; hier, la question danubienne; aujourd'hui, la question italienne; demain,
la question serbe, et toujours, et partout et au premier chef,
la question française.

III.

Mais, quoi! vais-je donc, moi aussi, lancer un réquisitoire contre ces malencontreux traités, qu'il faut tout à la fois *maudire et respecter*, selon l'expression d'un homme d'Etat illustre, qui ne les respectait que la rage dans le cœur? Non. Je désire seulement savoir jusqu'à quel degré ils méritent mon respect.

Les traités qui lient les gouvernements sont, dit-on, les lois internationales des peuples. Mais l'on se hâte d'ajouter qu'ils ne sont pas *immuables*. Non, certainement, puisqu'ils se détruisent les uns les autres.

Les traités ne sont que les étapes de l'histoire. Aussi, n'a-t-on jamais eu la prétention de les placer, dans la vénération des peuples, au niveau des principes éternels de justice qui régissent le monde. Autrement, la morale universelle eût été trop affligée de leurs variations. J'oserai même, sans craindre d'être démenti par les professeurs de droit public, classer les contrats internationaux au-dessous des contrats privés. Pour la validité de ceux-ci, en effet, la loi exige avant tout le libre consentement des parties. Toute contrainte matérielle ou morale les vicierait radicalement. La loi fait plus, elle annule les conventions léonines et prévoit jusqu'aux simples cas de lésion. A tous les contrats, enfin, la loi donne une sanction suprême : la Justice.

En est-il ainsi des contrats internationaux? Assurément non. Deux puissances étant en guerre, quand traiteront-elles? Quand l'une d'elles aura vu ses ressources épuisées, son territoire entamé et peut-être sa capitale envahie! Dès lors, où est le libre consentement? Les traités nés de la force n'ont d'autre sanction que la force. L'idée de justice en est absente. Le fort les maintient et le faible les subit, tant qu'il ne peut faire autrement.

S'il en est ainsi des traités en général, que dire de ceux de 1815 ? Aux puissances intéressées qui les proclament sacro-saints, je demanderai d'abord ce qu'elles ont pensé dans le temps de tous ceux qui les avaient précédés. Ce n'était pas, j'imagine, chose nouvelle en 1815 que de voir des plénipotentiaires s'asseoir autour d'une table verte. Sans remonter au-delà d'une vingtaine d'années, on avait déjà conclu bon nombre d'autres traités, ne fût-ce qu'à Bâle, à Campo-Formio, à Lunéville, à Amiens, à Presbourg, à Tilsitt, à Schœnbrunn, etc., que sont devenus tous ces traités? S'est-on beaucoup gêné pour les enfreindre? — La force les avait imposés, dira-t-on. — Eh ! je le sais bien ; mais pensez-vous, de bonne foi, que la France deux fois envahie, désarmée et occupée, ait donné un consentement bien libre aux traités que vous invoquez? La France les a respectés, néanmoins, pendant près d'un demi-siècle. C'est plus que ne durent, en général, les traités internationaux, et il serait temps, je pense, d'en proposer la révision.

Les raisons manquent-elles? En voici une d'abord qui intéresse tout le monde. Les traités de Vienne ont constitué en Europe un état violent, contre nature, mortel au progrès, qui n'est ni la paix ni la guerre, et qui est pire que la guerre, si c'est possible, et cela :

1° Pour avoir été conçus sous l'empire d'un droit public, abrogé depuis, de fait et de droit ;

2° Pour avoir blessé profondément le principe des nationalités ;

3° Pour avoir créé en Europe un faux équilibre qui s'altère de jour en jour et qui bientôt n'existera plus.

IV.

Quand les souverains coalisés eurent donné la dernière signature aux traités de Vienne, ils se contemplèrent dans leur œuvre et se dirent : Voilà l'Europe pacifiée à tout jamais. Et lord Wellington d'ajouter : Désormais, le champ de bataille sera en Orient.

Les augustes souverains s'abusaient. L'orgueilleux lord se trompait. La paix n'était qu'une fausse paix, l'équilibre qu'un faux équilibre. De guerre lasse, avide de repos après une secousse épouvantable, l'Europe posait les armes, mais les armes restaient en faisceaux. Les canons sont allés en Orient, il

est vrai, mais ils en sont revenus, et s'ils dorment depuis longtemps, je les ai toujours soupçonnés de rêver sur leurs
affûts.

J'ai assisté aux séances du congrès de la paix. Là, de tous
les points de l'horizon venaient se réunir, sous une bannière
commune, d'éminents philosophes, de savants économistes,
tous amis sincères de l'humanité. Les premiers, prenant pour
texte la parole évangélique : *Pax hominibus*, la développaient
en sermons éloquents à réconcilier l'Autriche et l'Italie, l'eau
et le feu, et concluaient à un désarmement genéral. J'ai chanté
avec eux le refrain de leurs hymnes et j'ai souri.

Les économistes calculaient ce que coûte à l'Europe, en
forces vives perdues, en argent perdu, la paix armée, la fausse
paix dont elle jouit, et concluaient à un désarmement général. J'ai reconnu l'exactitude de leurs chiffres, et j'ai souri.

Et cependant tous avaient raison.

Le monde n'a sans doute pas été créé dans les desseins de
Dieu, pour servir éternellement aux hommes de champ-de-
bataille. L'humanité n'est qu'une grande famille dont tous les
membres tendent à se rapprocher pour s'entre aimer, et non
pour s'entre-détruire. Nous marchons à pas lents vers la paix
universelle. Toute guerre même est un pas dans cette voie,
car on ne se bat, en définitive, que pour conquérir la paix.
De toutes parts les idées s'échangent, des rapports de bienveil-
lance s'établissent, les intérêts se généralisent. Au mot de

Patrie nous n'attachons plus le même sens qu'autrefois. Les lettres sont une patrie. Les sciences sont une patrie. L'industrie elle-même, malgré ses antagonismes, crée, entre ceux qui s'y adonnent, des rapports d'estime supérieurs à la rivalité des intérêts. Qu'après mille témoignages de sympathie réciproque, des écrivains, des savants, des industriels, d'honnêtes artisans, de paisibles laboureurs, quittent subitement leur plume, leur compas, leur charrue, leur marteau pour aller s'entre égorger en pleine nuit, dans une affreuse mêlée, sans trop savoir pourquoi, il y a là un contre-sens si navrant pour le cœur, si affligeant pour la raison, qu'on en vient à douter du progrès et à ne plus distinguer de la sauvagerie la civilisation.

D'autre part, à un point de vue moins sentimental, mais plus positif, il est certain que les deux millions d'hommes soustraits aux arts et aux travaux de la paix, et que les trente ou quarante milliards, dépensés en pure perte depuis 1815 en matériel de guerre, auraient pu recevoir une meilleure destination. Avec cela, que dis-je, avec moitié moins, on eût depuis longtemps percé les isthmes de Suez et de Nicaragua, complété les voies ferrées de l'Europe, poussé leurs avant-postes jusqu'au centre de l'Asie, et sillonné le Globe d'autant de câbles électriques qu'il y a de degrés de longitude et de latitude tracés sur nos mappemondes. Mais pourquoi ne l'avoir pas fait ? — Pourquoi ? Je vous l'ai dit ; parce que la paix n'était qu'une trève ; parce que l'équilibre européen repose sur une pointe de baïonnette, et que toute proposition de désarmement avant la révision des traités de 1815 ne serait encore aujourd'hui, aujourd'hui surtout, malgré tous nos progrès, qu'une folie, un non-sens, une impossibilité.

Oui, si l'Europe manque à sa mission civilisatrice, si elle est entraînée dans sa marche, c'est qu'elle traîne à ses pieds le boulet de 1815.

<h2 style="text-align:center">V.</h2>

J'ai reproché aux traités de Vienne l'esprit qui les avait conçus. J'ai soutenu que la base du droit public avait été déplacée depuis lors. Je vais le prouver.

Qu'on se reporte par la pensée à cette fatale époque. A l'exception de la France, qui, seule jusqu'alors, à ses risques et périls, avait proclamé le principe de l'indépendance des peuples, toutes les puissances représentées à Vienne, professaient des doctrines contraires. Tous les souverains, depuis l'empereur de Russie jusqu'au dernier principicule d'Allemagne, prétendaient tenir leurs trônes de Dieu même, d'où naissait pour eux le droit de disposer des peuples et d'en trafiquer à leur gré. Tant de milliers d'âmes à celui-ci, tant de millions à celui-là, selon l'importance des services rendus. Tant pour la fidélité, tant pour la défection : la trahison même est cotée au marché de Vienne. On ne traite pas autrement le bétail.

L'histoire n'a jamais eu de plus grand scandale à enregistrer.

Mais, grâce au progrès de la raison et de la dignité humaine, un autre droit public a prévalu. D'abord, au mépris des traités, la France a jugé à propos de changer plusieurs fois de dynastie comme de forme de gouvernement, et je ne sache pas que l'on ait invoqué contre la France l'article des traités qui place le trône de chacun sous la garantie de tous.

Puis l'Espagne a imité la France, et je n'ai pas vu que l'Europe mît beaucoup d'armées sur pied pour restaurer le prétendant évincé. Un jour, la Grèce a déclaré qu'elle ne pouvait plus vivre sous le joug intolérable du sultan, et les signataires des traités de 1815, spectateurs longtemps impassibles d'une lutte héroïque et inégale, ont fini par constituer un royaume de Grèce indépendant, premier démembrement de la Turquie, et qui ne sera pas le dernier. Plus tard, c'est la Belgique qui se détache violemment du royaume des Pays-Bas. De quel droit? Du droit d'insurrection apparemment, lequel n'est autre, en certains cas, que le droit d'indépendance. Et la Conférence de Londres consacre le droit d'insurrection en créant un royaume de Belgique, sans même penser à indemniser ce pauvre roi Guillaume, que l'annexion de la Belgique avait cependant seule consolé de la perte de ses colonies. Nous voilà un peu loin, je pense, du droit divin, et si le texte des traités subsiste encore, on conviendra bien que l'esprit en a disparu : le droit d'un côté, le fait de l'autre, et l'anarchie partout,

voilà le résultat final des traités. Est-ce que vous croyez que le monde peut se gouverner ainsi ?

VI.

Si, au moins, et tout en s'abstenant de les consulter, les hauts contractants eussent respecté les convenances des peuples, leurs intérêts, leurs sentiments, leurs affinités naturelles ! mais non : l'inique devait engendrer l'absurde.

Dans la langue officielle comme dans le langage vulgaire, on s'est habitué à confondre sous un même titre les Etats et les nations; erreur profonde : les Etats, fruits de la conquête ou des alliances, ne survivent guère aux causes qui les ont produites. Au premier choc ils se démembrent. Que sont devenus les États de Charles-Quint? Qu'est devenu l'Empire français? Qu'adviendra-t-il de l'Empire ottoman? Du premier, il n'est resté que la monarchie espagnole ; du second, que la France actuelle, et quant à la Turquie, on peut prévoir le jour où il n'en restera plus rien.

Les États n'ont qu'une existence précaire. Les peuples n'y sauraient être libres parce que la liberté est fille de la sécurité ; les gouvernements n'y sauraient être puissants au dehors parce que leurs forces vives se consument à la compression intérieure. On me dit qu'il y a en Europe cinq grandes puissances. Je veux bien le croire; mais je n'en vois que trois : les deux autres peuvent être des États fort respectables par leur force militaire comme par le concours des petits États qui tournent dans leur orbite; mais vienne une occasion de déployer ses forces au loin comme dans la guerre de Crimée, et vous distinguerez bien vite une grande puissance d'une grande nation.

C'est qu'une nation n'est pas un être fictif qui se coupe et se découpe au gré de l'épée des conquérants ou de la plume des diplomates; c'est un être réel, fils du temps, pénible à enfanter, lent à grandir et à se constituer, mais destiné à vivre autant que la civilisation elle-même ; qui dit nation, dit communauté d'origine, de traditions, de langue, de religion, de législation, de mœurs et d'intérêts, le tout renfermé dans des limites géographiques tracées d'avance par la nature. La vie d'une nation est sacrée, plus sacrée que la vie humaine; y attenter est un crime, l'égorger un assassinat ; que dis-je, les nations ne meurent qu'à demi ; courbées sous le vent de la conquête, elles se relèvent ; mises au sépulcre, elles en soulèvent la pierre et ressuscitent quand déjà leurs bourreaux n'existent plus. Voyez la Grèce, elle renaîtra tout entière, tandis que la Turquie ne laissera bientôt plus dans l'histoire qu'un sillon de sang et de ruines. L'Italie (la nation italienne entendez-vous ?) unitaire ou fédérative, vivra plus que l'empire d'Autriche ; et si la Pologne eût réuni toutes les conditions de la nationalité, elle subsisterait encore malgré ses mauvaises institutions.

Qu'ont fait les traités de 1815 de ce principe sacré des nationalités? Il n'y figure pas même des peuples, mais de simples populations! Que, par exemple, la Belgique penche vers la France par ses lois, par sa langue et par les besoins de son développement industriel, qu'importe? La Hollande a perdu ses colonies et on lui adjugera la Belgique en échange. Bruxelles paiera pour les colonies. Les provinces de la rive gauche du Rhin sont dans les eaux de la France et complètent son système de défense, raison de plus: une partie en est dévolue à la Bavière, une autre à la Prusse qui n'est pas même limitrophe, mais qui saura bien garder sa conquête. Les tronçons de l'Italie tendent à se rejoindre: on ne tient compte de leurs vœux, l'influence française a passé par là, elle peut y avoir laissé quelque ferment révolutionnaire, l'Italie restera morcelée, et comme il faut un gendarme à la Sainte-Alliance, l'Autriche se chargera de ce rôle; donnez-lui seulement la Lombardie et la Vénétie, avec droit de garnison et de reversibilité sur les duchés voisins, et l'influence de l'Autriche ne tardera pas à s'étendre partout.

Tels ont été les principes, tels les procédés de la coalition. Etait-ce simplement justice rendue aux anciennes maisons souveraines dépossédées? Nullement: une pensée plus profonde se cachait sous cette apparence d'équité.

VII.

Aux yeux de la coalition, la grande coupable, la seule coupable, c'était la France. Seule, jusqu'alors, elle avait promené par l'Europe, à l'ombre de son drapeau, l'esprit nouveau, l'esprit d'indépendance avec lequel devait, par malheur, se confondre l'esprit de conquête. Les peuples avaient pu s'y méprendre, et, chose étrange, c'est au nom du principe français par excellence, qu'ils s'étaient armés contre la France ! Mais laissons là les souvenirs irritants.

La guerre s'était faite... contre un homme? Non contre une nation. Et veuillent bien désormais les partis ne plus l'oublier ; quelle que soit, monarchique ou républicaine, la forme de gouvernement qu'il plaise à la France de se donner, et de quelque part que vienne l'attaque, ce n'est jamais à la main qui le porte, c'est au drapeau même que s'adressent les coups.

Rançonner la France et vider ses arsenaux, c'était peu : le sol est riche, et les canons y repoussent comme les épis. La démembrer? on y a pensé; on ne l'a pas osé. Si ce n'eût été qu'un simple Etat comme un autre, on n'y eût certes pas regardé de si près. Mais si l'édifice était inattaquable dans ses œuvres vives, on pouvait du moins le priver de ses contreforts.

Et voilà pourquoi le comté de Nice qui complétait notre littoral méditerranéen, et la Savoie qui tombe dans nos eaux ont été adjugés au roi de Piémont. Dans quel but ? De créer entre la France et la principale puissance italienne, un antagonisme permanent d'intérêts qui s'opposât à toute alliance future. Les événements déjouent aujourd'hui ces calculs ; mais ce n'est pas la faute de la coalition.

Et voilà pourquoi notre frontière du nord a été bizarrement découpée et pliée aux convenances commerciales et militaires de la Belgique, de la Prusse et de la Bavière.

La France, suspecte, sans alliance, réduite au-delà de ses anciennes limites, et Paris à sept ou huit marches d'une frontière ouverte, voilà ce qui s'est appelé en 1815 l'équilibre européen.

Et n'oublions pas que tandis que la France était traitée ainsi, les puissances étrangères s'arrondissaient au contraire et à leur gré. La Russie acquérait définitivement la Courlande, la Finlande et la Bessarabie. L'Autriche prenait toute la haute Italie, la Dalmatie et quelques territoires allemands et polonais. La Prusse s'enrichissait des provinces rhénanes, d'une partie de la Saxe et de la Poméranie suédoise. Et l'Angleterre s'adjugeait le sceptre des mers. Singulier équilibre que celui qui jette tous les poids dans le même plateau de la balance !

Mais il y a plus ; le temps a marché, et les situations respectives se sont encore modifiées à notre détriment.

Loin de moi la pensée d'éveiller de sottes alarmes. Je ne prévois ni ne crains de coalition nouvelle. Les puissances ont pu signer à Londres, il y a une vingtaine d'années, un traité important à l'insu et sans la participation de la France. On n'a pas oublié l'émotion qui s'empara des esprits au lendemain du 15 juillet 1840, et cette seule pensée que l'Europe pouvait nous traiter si légèrement, pensée qui ne s'est pas affaiblie pendant les huit années suivantes, n'a pas peu contribué à la chute de la monarchie de Juillet. Mais on ne se permettrait sans doute plus de pareilles libertés à notre égard. D'ailleurs, avec une armée aguerrie et une population brave groupée autour d'un gouvernement énergique, on peut envisager l'avenir sans effroi. Néanmoins, il n'est pas inopportun de livrer à l'attention publique les considérations suivantes :

1° Il y a cinquante ans, la France occupait le premier rang dans la science des armes, et je ne l'en crois pas déchue. Mais les progrès se font pour tout le monde. Discipline, perfectionnement des armes, tactique, stratégie, attaque et défense des places, tout se nivèle et tend à faire passer la victoire du côté des gros bataillons.

2° Si la France a pu quelquefois résister à des forces supérieures, elle le devait à sa forte concentration entre des frontières assez restreintes, qui lui permettait de se jeter d'un bond sur tous les points menacés. Mais les puissantes voies de communication qui se sont créées en Europe ont annulé pour elles cet avantage relatif. Et quand la Russie, ce grand corps si lent autrefois et aujourd'hui encore à se mouvoir, sera sillonnée de chemins de fer, comme le midi de l'Europe, sa puissance militaire n'en sera-t-elle pas doublée?

3° L'accroissement de la population en France est plus lent que dans les autres Etats, et les proportions ont déjà notablement changé depuis 1815.

Comparons :

	en 1815	en 1858
France.	30 millions.	36 millions.
Russie d'Europe. .	46 —	66 —
Autriche	30 —	40 —
Grande-Bretagne. .	20 —	29 —
Prusse.	12 —	18 —
Conf. germanique.	11 —	18 —

Ainsi la population de la France qui, avant la Révolution, était du *tiers* de celle de la Russie, de l'Autriche, de la Prusse, de l'Allemagne et de l'Angleterre réunies, n'en était plus que le *quart* en 1815, n'en est plus que le *cinquième* aujourd'hui, et n'en sera plus que le *sixième* dans une vingtaine d'années, toutes choses restant en état.

Comme on le voit, le prétendu équilibre de 1815 s'altère de jour en jour. Et cet état de choses, mauvais pour la France, n'est pas meilleur pour l'Europe. Or, le repos de la France est nécessaire au repos du monde. D'autres l'ont dit avant moi. Je ne citerai pas de terribles révolutionnaires. Voici ce qu'en pensait M. de Bonald.

« Non, ce n'est pas à la France qu'il importe d'aller jusqu'au
« Rhin : les habitants de l'ancienne France n'en seront ni
» plus ni moins heureux ; son gouvernement n'en sera ni
» plus ni moins stable et fort ; c'est pour l'Europe que cette
» mesure politique est nécessaire, parce qu'alors et seulement
» alors, la France sera utile à tous les Etats et ne sera dan-
» gereuse pour aucun. La France serait au repos comme une
» arme détendue, et toute l'Europe y serait avec elle et par
» elle. »

Les événements n'ont-ils pas justifié les prévisions de **M.** de
Bonald ? Deux fois depuis, la France, en changeant violemment la forme de son gouvernement, n'a-t-elle pas agité et
ébranlé l'Europe ? Qui vous répond qu'à une troisième secousse elle ne la bouleverserait pas tout à fait ?

VIII.

Malgré mon très vif désir de voir la France jouir de cette sécurité absolue qui seule permet les grandes entreprises, je ne
suis pas de ceux qui conseilleraient de risquer une guerre dans
le but de reculer et d'assurer nos frontières du Nord. Je laisse
cette fantaisie aux publicistes, soi-disant sérieux, qui ne com-
prennent que l'autorité absolue, ou la liberté absolue, ou la

guerre à outrance, ou la paix à tout prix : théorie commode qui au lieu de concilier deux principes dont l'harmonie est indispensable aux sociétés, se borne pour démontrer l'un à pousser les conséquences de l'autre jusqu'à l'absurde! A supposer (et je ne le crois pas encore) que la question italienne ne puisse être tranchée que par l'épée, je ne vois pas pour cela que nous devions recommencer les campagnes de la République et de l'Empire. L'idée de guerre n'implique pas nécessairement l'idée de conquête. L'expédition de Rome n'a pas encore entraîné l'annexion de Rome à l'Empire Français, et je ne sache pas que nous soyons allés en Crimée chercher une extension de territoire. La Belgique, la Hollande, le Rhin, Malte, Gibraltar, Héligoland et tous ces autres fantômes évoqués fort mal à propos ne semblent entrer en scène que pour divertir le public ou semer l'effroi. S'écrier *tout* ou *rien* quand on ne veut d'avance absolument rien, ce n'est qu'une fanfaronnade ridicule et un pitoyable argument.

Mais ce que la guerre et ses conquêtes ne donnent souvent que pour un jour, des alliances solides peuvent le donner pour jamais. Sans recourir au but hasardeux d'un agrandissement de territoire, sans provoquer un remaniement complet de la carte d'Europe, la France doit, ce me semble, y reprendre une position égale à la juste influence qui lui est due. De la satisfaction donnée à la France dépend peut-être l'apaisement de toutes les querelles. Aux hommes politiques qui atteindront ce but, aux véritables pacificateurs qui permettront à chaque nation de se livrer librement aux impulsions de son génie propre, l'histoire réserve une aussi belle page qu'aux plus heureux conquérants.

Un coup d'œil sur ce point.

Il existe en Europe quatre races principales dont le développement constitue toute l'histoire de la civilisation moderne. Au nord, la race slave groupée sous le sceptre russe ou subissant sa puissante influence. Au centre, la race germanique, confédérée sous la protection de deux puissances militaires, jalouses et rivales quant aux affaires intérieures de l'Allemagne, mais toujours prêtes à s'unir contre un danger commun. A l'ouest, et retranchée dans ses îles comme dans une forteresse inexpugnable, la race anglo-saxonne qui, pour être séparée du continent, n'y en exerce pas moins une grande autorité. Au midi enfin, la race latine, qui a la France pour centre et dont les deux péninsules forment pour ainsi dire les deux ailes.

Il n'entre pas dans le cadre de mon sujet de raconter les luttes politiques et religieuses, si longues et si confuses, qui ont agité et troublé pendant plusieurs siècles ces quatre groupes distincts de la société européenne. Vues de loin, la plupart de ces luttes, celles du midi surtout, nous apparaissent aujourd'hui comme de véritables guerres civiles. C'est que la politique générale des nations n'a pas toujours suivi, tant s'en faut, une ligne logique et invariable. Mais, avec le temps, les intérêts des peuples ont fini par l'emporter sur les intérêts dynastiques, et tout gouvernement qui essaierait désormais de subordonner les premiers aux seconds, rencontrerait dans son pays même la plus insurmontable résistance.

Donc union intime de la race latine sous la protection bienveillante de la France, telle doit être la politique de l'Europe méridionale.

Rien ne s'y oppose, et tout y pousse.

Rien ne s'y oppose. Entre la France et l'Espagne plus de de possessions à se disputer, partant plus de conflits possibles. La nature elle-même s'était chargée de les mettre d'accord. Si les chaînes de montagnes créent des barrières entre les peuples, elles ont par contre l'avantage de leur imposer des limites. Vienne un tunnel qui perce les monts, la barrière tombe, et la limite reste.

Sauf quelques petites contrées insignifiantes et qui ne sauraient être un grave sujet de querelle, ce qui est vrai de l'Espagne, est vrai de l'Italie. Fût-elle réunie et centralisée sous un gouvernement puissant et régénérateur (et, pour ma part; je le lui souhaiterais de bon cœur, si c'était possible), l'Italie n'aurait pour nous rien de menaçant, pas plus qu'elle n'aurait d'agression à craindre de notre part.

Tout y pousse. Français, Espagnols, Italiens, les trois peuples se rapprochent tellement par la conformité des mœurs, par l'identité de religion, par la confraternité des langues issues d'une même souche, par la similitude des intérêts, enfin, que, n'étaient les Alpes et les Pyrénées, ils n'eussent probablement formé un jour qu'une seule nation. Les trois peuples sont appelés, on peut le prédire, à partager les mêmes destinées.

Cette union intime des trois peuples que Louis XIV n'a pas pu, que Napoléon Ier n'a pas su réaliser, il faut qu'elle s'opère parce qu'elle est dans la nature des choses. Il le faut pour la France surtout, car elle est la sentinelle avancée des deux autres. Il le faut pour l'Europe elle-même, parce que, toute pensée de remaniement de territoires au nord étant écartée, c'est le seul moyen de rétablir en Europe l'équilibre détruit par les traités de 1815.

Rien ne s'y oppose, ai-je dit. Je me trompais ; il y a un obstacle, un seul : c'est l'empiètement du centre de l'Europe sur le midi, l'oppression d'une race par l'autre, la domination autrichienne en Italie.

Mais cet obstacle est-il donc invincible, éternel ? Ma raison se refuse à le croire. Que les grandes nations, les vraies nations, que la Russie et l'Angleterre s'abstiennent de considérations mesquines et temporaires, qu'elles s'inspirent de vues élevées, de leur responsabilité même dans l'histoire, qu'elles prononcent enfin dans leur sagesse et leur équité, et l'obstacle de lui-même tombera.

IX.

Le refus viendrait-il de la Russie ?

Je veux bien ne tenir aucun compte du refroidissement survenu depuis quelques années entre la Russie et l'Autriche, et dont les causes ne sont pas près de disparaître. Les ressentiments ne tiennent pas contre les intérêts ; mais je ne vois pas quel intérêt la Russie peut avoir au maintien, dans son intégrité, de l'empire d'Autriche ; au contraire.

A un point de vue plus général, la Russie hésiterait-elle à fortifier, en la dégageant de son seul entrave, l'Europe méridionale ? Mais qu'a-t-elle à en redouter ? Le midi ne penche pas sur le nord. Nous ne sommes plus au temps où Charlemagne multipliait expéditions sur expéditions pour contenir les peuplades du nord. Et quant à la seule invasion sérieuse de notre siècle, elle a été si cruellement expiée et si sévèrement jugée, qu'elle ne se renouvellera certainement plus.

Le refus viendrait-il de l'Angleterre ?

On s'est hâté, et pour cause, de prendre acte des déclarations du gouvernement anglais, relatives aux traités publics. Mais peut-être s'en est-on exagéré la portée. Entre le maintien des traités, positif, intégral, dans leur ensemble comme dans chacune de leurs dispositions, et le maintien des bases

générales seulement, il y a place pour plus d'une interpréta-
tion, et je me plais à croire à la plus généreuse.

Ici encore, je veux bien écarter du débat les sympathies si
hautement et tant de fois manifestées par un peuple libéral
pour un peuple opprimé. Entre tel ministre anglais dénon-
çant la conduite de l'Autriche à l'exécration de l'Europe et tel
autre affirmant que l'Italie n'a pas de griefs sérieux contre
l'Autriche, je n'ai pas à prononcer. La politique, la politique
anglaise surtout, n'est pas affaire de sentiment ; mais, pour
rester sur le terrain des intérêts, je ne vois, pas plus pour
l'Angleterre que pour la Russie, d'intérêt capital à protéger
l'Autriche dans ses possessions en Italie.

On m'arrête là.—Oui, je le sais, et comme les réticences se-
raient puériles, j'exposerai toute ma pensée. On me dit : Le
drapeau français flottant déjà sur une partie du littoral afri-
cain, si du fond de l'Adriatique à Gibraltar l'influence française vient à prédominer, voilà la Méditerranée devenue un
lac français, selon le vœu de certain grand homme que l'Angleterre n'a sans doute pas oublié. L'objection est sérieuse, je
n'en méconnais pas la gravité ; mais je persiste à soutenir que
si la France, poussée à bout, en venait à dire à sa bonne et cor-
diale alliée : Pour mon honneur, pour l'honneur de la chrétienté que je représente au premier chef, je ne puis plus, je
ne veux plus rencontrer dans la présence de l'Autriche en
Italie un obstacle à tout projet de réformes. Entre l'Autriche
et moi, choisissez !... Je ne doute pas du choix.

C'est que l'alliance anglo-française n'est pas une de ces alliances vulgaires qui se nouent et se dénouent selon le courant des intérêts. C'est le signe du progrès, le gage du repos et l'honneur de l'humanité. Loin de l'affaiblir, le temps la fortifie, malgré des froissements inévitables et des souvenirs pénibles, dont l'amour-propre peut souffrir, mais que la sagesse commande d'oublier. Et de quel droit, avec quelle autorité morale les deux premières nations modernes iraient-elles semer ensemble aux confins du monde la pensée du progrès si, à leurs foyers mêmes, elles étaient divisées? Une rupture entre la France et l'Angleterre serait un malheur irréparable. Une guerre (et qui oserait en prendre la responsabilité?), une guerre serait un retour à la barbarie.

Et tout cela pourquoi? Pour la splendeur de cette généréuse et chevaleresque maison d'Autriche, qui jette un si vif éclat sur notre époque! Vraiment! ce serait trop sacrifier à trop peu!

Rien n'est plus dangereux en politique que les illusions. Cependant, sans s'égarer dans les champs infinis de l'utopie, on peut prévoir, dans un avenir prochain, non-seulement pour la France et l'Angleterre, mais pour l'Europe entière, un rôle à la hauteur du rang qu'occupe aujourd'hui sur le globe ce foyer de la civilisation. L'Europe chrétienne a charge d'âmes. Aux différents membres de cette grande famille (qu'on me passe cette expression un peu prématurée) des devoirs différents sont assignés. Une carrière immense leur est ouverte.

Qu'ils y entrent résolûment. A qui la parcourra du pas le plus ferme, à qui atteindra de plus près son but, l'histoire des siècles futurs réserve le prix de la véritable grandeur.

La race anglo-saxonne se distingue des autres par de rares qualités qui lui sont toutes particulières. Elle possède au plus haut degré l'esprit d'entreprise, l'audace des conceptions, et ce qui est plus rare encore, la persévérance, l'opiniâtreté qui, seule, mène les entreprises à bonne fin. Son nom remplit le monde, son pavillon couvre les mers, des continents entiers lui appartiennent ou sont devenus ses tributaires. Jetez les yeux sur la mappemonde, comparez l'extension qu'y a prise la race anglaise à l'étroit berceau dont elle est sortie et vous comprendrez le légitime orgueil des fils d'Albion. L'arbre semble parfois plier sous le poids de ses branches, mais le tronc en est assez vigoureux pour les soutenir toutes et même pour en porter de nouvelles.

L'Angleterre manquerait-elle d'aliments pour son activité? Mais elle a ses Indes à conquérir moralement après y avoir imposé et raffermi sa domination. Elle a son Australie à peupler, la Chine à pénétrer, la côte orientale d'Afrique à soumettre, etc., etc.; mais pour remplir cette tâche immense, l'Angleterre a besoin autant qu'une autre, d'être dégagée de toute préoccupation européenne, et, encore une fois, je ne vois pas ce que pèsent auprès de si grands intérêts les intérêts de la maison d'Autriche.

La race latine dont la France aujourd'hui tient la tête, n'est pas moins hardie dans ses conceptions; mais il faut bien le reconnaître, il lui a manqué jusqu'ici l'esprit de suite qui seul affermit le succès. Elle a tenu le monde dans sa main et l'a laissé échapper. Mais à défaut de qualités plus solides, elle est éminemment sympathique. De toutes les nations, la France est celle qui, par ses idées religieuses et philosophiques, et son aptitude aux sciences, aux lettres, aux arts, à l'industrie, au commerce, résume le mieux la synthèse de l'humanité. La France est à elle seule toute une civilisation. Et n'y a-t-il plus rien à civiliser ? Eh ! l'Afrique lui fût-elle seule dévolue pour tâche, qu'elle en aurait pour longtemps. Mais elle doit, avant tout, reposer en Europe sur un terrain solide et n'y plus rencontrer l'hostilité de la maison d'Autriche.

La Russie date d'hier, mais elle a marché à pas de géants. Née au sein des terres, elle a étendu ses bras vers deux mers, et son sceptre atteint les deux extrémités du septentrion. Qu'elle descende vers le midi jusqu'à la rencontre de la race germanique, rien de plus naturel. Mais là est sa limite. Que la Russie affranchisse d'abord ses serfs, qu'elle les élève à la dignité de citoyen, qu'elle développe son industrie, qu'elle relie par des chemins de fer les provinces d'un empire déjà si vaste, et qu'ensuite ce torrent prenne sa course vers l'Asie, non pour la dévaster, mais pour la féconder, et ce résultat suffira, j'espère, pour consoler le monde de la décadence de la maison d'Autriche.

Quant à la race germanique, concentrée au centre de l'Europe, et condamnée à ne respirer l'air des océans que par les soupiraux étroits de Trieste et de la Baltique, si sa situation géographique lui refuse une grande action matérielle sur le monde, son action morale n'en est pas moins efficace. Cerveau du monde comme la France en est le cœur, que la patrie de Kant, de Goëthe, de Leibnitz, *Germania mater*, poursuive ses recherches philosophiques, qu'elle creuse dans ses profondeurs l'éternel problème de l'Etre, de sa cause, de son essence et de sa fin, son champ sera encore le plus vaste, puis qu'il touche à l'infini. Là sera sa gloire et son titre à nos respects. Mais la philosophie n'a rien de commun, je pense, avec la police et les baïonnettes de la maison d'Autriche.

Telles sont les larges voies ouvertes aux nations européennes. Rêves, si l'on veut ; mais les grands rêves me sourient plus que les petites pensées.

X.

Rêves ou pensées, me dit-on, revenez à la question.

A la question ! mais je n'en suis pas sorti.

J'ai constaté l'anarchie politique dans laquelle se débat l'Europe depuis 1815.

J'ai établi que cette anarchie prenait sa source dans les faux principes consacrés en 1815.

J'ai prouvé que l'équilibre européen, déjà faux en 1815, s'était gravement altéré depuis, et qu'il était urgent de le rétablir, pour rendre à l'Europe son repos, et déblayer la route du progrès.

J'ai reconnu, enfin, que l'Autriche seule encombrait cette voie, d'où la nécessité d'exproprier l'Autriche de ses possessions italiennes pour cause d'utilité européenne.

Que veut-on de plus ? une solution ? je ne suis pas dans le secret des chancelleries, et n'ai d'autres armes à mon service que le raisonnement.

Je puis motiver l'arrêt, mais il ne m'appartient ni de le rendre ni de l'exécuter.

Qui le fera ? où est, d'abord, le tribunal compétent ?

La conférence de Paris va se réunir de nouveau, dit-on, à propos des principautés Danubiennes, ou l'on retrouve encore, luttant, comme de raison, contre le principe de l'indépendance, l'éternelle maison d'Autriche. Et l'on pense qu'elle profitera de la circonstance pour aborder en même temps la question italienne.

Si tout doit se passer de nouveau en innocents pourparlers ou en vœux stériles, mieux vaut le silence. Et d'ailleurs la conférence est-elle bien compétente ?

D'abord la Porte y figure, et il serait plaisant qu'elle intervînt ici. La Turquie musulmane protégeant à son tour la Turquie chrétienne, cela ne manquerait pas d'une certaine logique, mais c'est peu sérieux.

C'est à peine si la Conférence, constituée comme elle est, peut se tirer des embarras que lui suscite la déplorable administration de la Turquie, la révolte de ses provinces et la décadence de l'empire.

L'Autriche appuie le sultan ; les ruines soutiennent les ruines. La Prusse suit l'Autriche. L'Angleterre prolonge l'agonie de l'empire. De là des tiraillements qui vont se prolonger tout le long du siècle probablement.

La Conférence n'est pas complète. Il y manque une voix au moins. A ce propos, j'ai toujours regretté que l'Espagne, en dépit de ses troubles d'alors, ne prît aucune part à la guerre d'Orient. Pourquoi pas ? Le Piémont, moins important que l'Espagne, le Piémont l'a bien fait ! L'Espagne, en l'imitant aurait conquis aussi le droit d'entrer dans les conseils de l'Europe et se serait relevée d'une trop longue déchéance, résultat qui valait bien quelques sacrifices d'hommes et d'argent.

Mais si l'Espagne reste à l'écart, quant à la question d'Orient, il n'en doit pas être de même ici. L'Espagne est une nation catholique. Or, il s'agit un peu du pape et des Etats pontificaux. Donc, elle a qualité.

La France, l'Espagne et le Piémont représentant l'Europe méridionale, la Prusse et l'Autriche stipulant pour le centre, la Russie pour le nord, et l'Angleterre qui n'aspire plus, je pense, à prendre pied sur le Continent, l'Angleterre décidant, pour ainsi dire, dans sa haute impartialité, voilà sur quelle base devrait se constituer, selon moi, le tribunal Européen.

Autre rêve ! Hélas ! j'en conviens. Les nations ont aussi leur égoïsme. Et quand la politique se mesure à l'aune étroite des intérêts du jour, quiconque parle Droit, Justice, intérêts de l'avenir semble rêver.

XI.

En résumé, j'admets que le congrès ne se constitue pas ou qu'il n'aborde pas la question, ou qu'il ne la résolve pas, sera-ce une raison pour prolonger un *statu quo* ruineux, mortel, impossible ?

Non, la France a parlé, et la France ne parle jamais en vain.

Le déni de justice constaté, je crois la France aussi compétente pour rendre l'arrêt que capable de l'exécuter. Et qu'aurait à répondre l'Europe si l'arrêt était formulé ainsi ?

Attendu que je suis le chef de la race latine, et que cette race souffre dans une de ses branches opprimées par une puissance étrangère ;

Attendu que je suis le chef d'une nation chrétienne et le protecteur de l'unité catholique, la plus haute unité qui subsiste encore dans le monde ;

Attendu que la chrétienté souffre de la situation déplorable où se trouvent les Etats de l'Eglise ;

Attendu qu'en rétablissant le pape dans sa souveraineté temporelle j'ai dû espérer de lui des réformes que lui-même, dès son avènement, avait jugées indispensables ;

Attendu que mes efforts constants sont restés vains depuis dix ans, par suite des conseils de l'Autriche, de la pression qu'elle exerce sur le chef de l'Eglise, et que nulle réforme n'est à espérer tant que les choses resteront en état, etc., etc.

Je m'en tiens là. Il ne m'appartient pas d'écrire le dispositif de l'arrêt.

Mais quoi, ce serait donc la guerre !

Eh bien ! oui, après tout.

Une guerre entreprise pour une cause juste et sainte ; une guerre toute locale et qui s'arrêterait au pied des Alpes ; une guerre désintéressée et exclusive de toute pensée de conquête ; une guerre qui ne donnerait point de démenti à la devise de l'Empire et ne causerait à l'Europe aucun sujet d'alarme ; une guerre courte et qui affecterait moins les intérêts généraux qu'une fausse paix, de beaucoup plus coûteuse ; une guerre enfin qui, en rétablissant l'équilibre européen sur sa véritable base, serait un premier pas fait vers un désarmement général ; cette guerre, si un jour, si bientôt elle devenait inévitable, j'en dirais encore ce que j'ai dit des traités de 1815 :

IL FAUT LA MAUDIRE, MAIS S'Y RÉSIGNER.

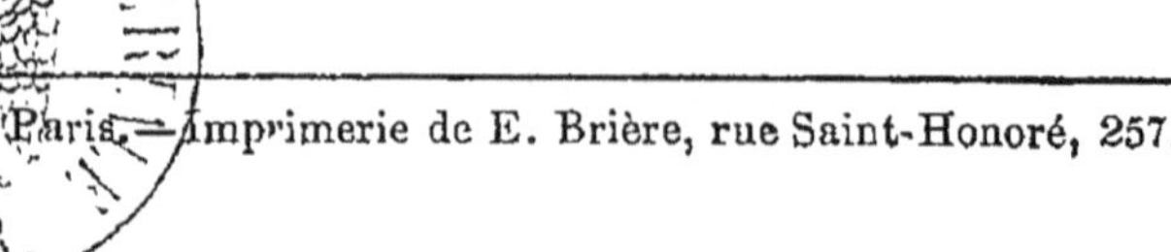

Paris.—Imprimerie de E. Brière, rue Saint-Honoré, 257.